Dringliche Wirtschaftsfragen

Heft 5

Neue Wege zur Förderung der Lebensmittelproduktion und -Versorgung

Gedanken und Vorschläge

von

Regierungsrat Risch in Neu-Ulm

und

Oberbürgermeister Dr. v. Wagner in Ulm

Leipzig – Verlag von Veit & Comp. – 1917

Neue Wege zur Förderung der Lebensmittelproduktion und -Versorgung

Gedanken und Vorschläge

von

Regierungsrat Risch in Neu-Ulm

und

Oberbürgermeister Dr. v. Wagner in Ulm

Leipzig ▫ Verlag von Veit & Comp. ▫ 1917

Druck von Metzger & Wittig in Leipzig.

Primum vivere, deinde philosophari.

Der Sieg ist eine Frage der Lebensmittelversorgung. Eine gewisse Krisis ist schon vorhanden und wird sich wohl noch steigern.

Empfindliche Not macht sich jetzt schon fühlbar bei Versorgung unserer großen Städte und volkreicher Industriegebiete mit Fett (auch Fleisch), Kartoffeln, Milch und Eiern. Reich, Bundesstaaten und Kriegsgesellschaften vermochten und vermögen nicht abzuhelfen.

Die zentrale Bewirtschaftung und das Rationierungssystem haben sich in bezug auf die Versorgung mit Brotgetreide, Gerste und Hafer im ganzen und großen bewährt, nachdem genügend Getreide vorhanden und dieses dem Verderben nicht ausgesetzt ist. Bei der sonstigen Lebensmittelversorgung muß dieses System mehr und mehr versagen. Die *gesamte* Ernährung eines Volkes von 70 Millionen läßt sich wohl vorübergehend in Zeit besonderer Not vielleicht auf Wochen und Monate, niemals aber auf Jahre vollständig rationieren. Denn von einer Dauerrationierung muß man verlangen, daß sie gerecht ist, und die Ernährung des einzelnen noch gewährleistet. An beiden Voraussetzungen fehlt es beim gegenwärtigen System. Eine Rationierung wirkt nur dann durchaus gleichmäßig und gerecht, wenn sie bis zum äußersten durchgeführt wird, *also die Ernährung des Wohlhabenden die gleiche ist, wie die des Armen.* Das würde nur durch die *Zwangsmassenspeisung* erreicht, die aber ebensowenig erstrebenswert wie praktisch durchführbar ist. Andererseits ist aber jede Rationierung umsonst, wenn schließlich die Rationen so klein werden, daß sie für die Bevölkerung zum Lebensunterhalt nicht mehr ausreichen. Diese Gefahr droht, wenn nicht eine erhebliche und baldige Vermehrung unserer eigenen Lebensmittelerzeugung eintritt.

Bis jetzt hat man die ganze Versorgung auf Reglementierung, zentrale Verteilung und Zwang gegründet. Man hat immer erst genommen, um zu geben; auf Grund rein statistischer Unterlagen hat man Lebensmittel verteilt, die noch gar nicht vorhanden waren, wie z. B. Kartoffeln vor der Feststellung der Ernte; schließlich verteilt man noch die Eier, bevor sie gelegt sind. Die Hervorbringung neuer Lebensmittelwerte wurde ganz nebensächlich behandelt. Die Reglementierung unserer Versorgung hat einen Umfang und Formen angenommen, die jedes erdenkliche und erträgliche Maß längst schon überschritten haben. Jeder Tag legt mit neuen massenhaften Verordnungen und schweren Strafbestimmungen unserer Bevölkerung, namentlich der landwirtschaftlichen, ein neues schweres Joch auf, das anfänglich mit Geduld ertragen wurde, allmählich aber wie jede Häufung von unverschuldetem Mißgeschick, mißmutig und schließlich gleichgültig machen muß.

Man muß sich einmal darüber klar werden, daß diese Tausende und aber Tausende sich überstürzender Bestimmungen, die aufs tiefste in das gesamte Erwerbsleben, insbesondere in das landwirtschaftliche Leben eingreifen, von der Bevölkerung nicht mehr erfaßt und verstanden, von den Behörden nicht mehr vollzogen werden können. Dieses Verfahren muß geändert, muß verlassen werden! Gewiß erfordert die eiserne Zeit, in der es sich um das Sein oder Nichtsein der Nation handelt, auch eisernen Zwang. Aber mit Zwang und Reglementieren allein ist es nicht getan. **Das Volk verlangt Lebensmittel, keine Gesetze über Lebensmittel.** Alles Zentralisieren und Verordnen, alle Bestimmungen über Beschlagnahme, Höchstpreise und Lebensmittelkarten können fehlende Lebensmittel nicht ersetzen. Lebensmittel aber werden nicht in genügender Menge erzeugt und der Abmangel kann nur durch Steigerung der eigenen Produktion ausgeglichen werden.

Von den Berufslandwirten kann jetzt eine erheblich vermehrte Produktionstätigkeit aus eigener Kraft allein nicht mehr verlangt und erwartet werden. Die deutsche Landwirtschaft hat bisher im Kriege Ungeheures geleistet. Anforderungen, wie sie bisher im Kriege an das landwirtschaftliche Produktionsvermögen gestellt worden sind, hat man allgemein nicht entfernt vorausgesehen. Sonst hätte man, nicht im Interesse der Landwirtschaft, sondern im Interesse des Ganzen, im Frieden schon eine viel größere Sicherung und Stärkung der landwirtschaftlichen Produktion eintreten lassen müssen. Die — allerdings nicht zu zahlreichen — Stimmen, die rechtzeitig auf Möglichkeiten der Ernährungsschwierigkeiten, wie sie jetzt bestehen, hinwiesen, wurden leider nicht genügend beachtet. Es muß hier auf einen im Juni 1914, also **unmittelbar vor Kriegsausbruch** anläßlich eines Fortbildungskurses bayrischer staatlicher Verwaltungsbeamter gehaltenen Vortrag Bezug genommen werden, der auch im Druck erschienen ist (vgl. Landw. Jahrbuch für Bayern 1914 Nr. 11);[1] hier wurde u. a. ausgeführt:

„Sicherlich ist es nur durch Kräftigung und Stärkung der einheimischen Produktion auf die Dauer möglich, unser Volk mit gutem und billigem Fleisch zu versorgen. **Das Reservoir der Fleischversorgung muß also stets das einheimische sein und bleiben, zumal das ausländische in Zeiten von Krieg und Kriegsgefahr sofort versiegt.** Ja im Hinblick auf die ganze gegenwärtige politische Konstellation ist Deutschland geradezu darauf angewiesen, daß seine Bevölkerung nicht nur in Friedenszeiten, sondern insbesondere auch im Kriegsfalle von der einheimischen Landwirtschaft mit Fleisch (und auch Brot) versorgt wird. Wir haben im Kriegsfalle mit der Möglichkeit einer sehr plötzlichen Abschneidung aller Lebensmittelzufuhr vom Auslande, und zwar zu Wasser und zu Land, zu rechnen und müssen daher die wirtschaftliche Mobilmachung schon im Frieden entsprechend vorbereiten. Es wird sich nicht länger umgehen lassen, daß in ganz Deutschland nach einem einheitlichen Plane ständige große Getreide- und Fleischdepots für den Kriegsfall errichtet werden, insbesondere in Festungen, in der Nähe von großen Truppenkonzentrierungsorten und von Großstädten. Militärverwaltung, Stadtverwaltungen und Landwirtschaft müssen deshalb jetzt schon Hand in Hand zusammenarbeiten, um die Möglichkeit der inländischen Lebensmittelversorgung für alle Fälle zu gewährleisten. Was speziell die Fleischdepots betrifft, so handelt es sich hier nicht nur um geschlachtete Tiere, sondern vor allem um Depots von lebenden Tieren in Gestalt großer ständiger Fettviehweiden und Mästereien.

[1] „Distriktive und genossenschaftliche Unternehmen auf dem Gebiete der Viehzucht und Viehmast" von Regierungsrat Risch-Neu-Ulm.

Diese sollten von der Landwirtschaft mit Unterstützung der Militär- und Stadtverwaltungen, insbesondere durch kostenlose Bereitstellung des Geländes, von Speiserückständen usw., eingerichtet und betrieben werden, im Frieden hauptsächlich der städtischen Fleischversorgung dienen, im Mobilmachungsfalle aber in erster Linie für militärische Zwecke zur Verfügung stehen. Im Interesse unseres Vaterlandes wäre zu wünschen, daß schon die nächste Zeit die Verwirklichung dieses Gedankens bringen möge."

Diese Ausführungen erfuhren allgemein weder Zustimmung noch Widerspruch; es ist auch nichts darauf geschehen. Und doch war die Warnung und Prophezeiung, wie die Ereignisse beweisen, nur zu begründet.

Der Gedanke der Lebensmittelversorgung durch enge Verbindung von Stadt und Land aus eigener Kraft ist von den Verfassern schon seit vielen Jahren und namentlich bei den Verhandlungen der seiner Zeit vom Reich veranstalteten sogen. „Fleischversorgungsenquete" eingehend unter Hinweis auf unser Beispiel, auf unser gemeinsames und erfolgreiches praktisches Vorgehen entwickelt worden. Die Landwirtschaft war damals bereit, auf unsere Vorschläge einzugehen. Zahlreiche Genossenschaften, Landwirtschaftskammern usw. haben schon vor fünf und mehr Jahren sich bereit erklärt, in der Frage der Fleischversorgung gemeinsam mit den Städten zu arbeiten und sind mit Angeboten an Stadtverwaltungen herangetreten.

Damals haben wir darauf hingewiesen, daß die städtische Bevölkerung das größte Interesse daran hat, eine Verteuerung des Fleisches zu verhüten.

Danach sei es Sache der Stadtverwaltungen, auf Mittel und Wege der Abhilfe zu sinnen, sich zu überlegen: Wie können die Konsumenten bzw. die Organe, welche vorzugsweise berufen sind, für die Konsumenten einzutreten — und als diese Organe sind jedenfalls die Gemeindeverwaltungen in den größeren Städten zu erachten — eine Einwirkung auf die Bildung des Fleischpreises gewinnen? Die Tatsache stehe fest, daß die deutsche Landwirtschaft in der letzten Zeit — die Verhandlung fand am 22. November 1912 statt — trotz ihrer sehr anerkennenswerten Leistungen, trotz ihres guten Willens nicht imstande war, die doch sehr empfindliche Preissteigerung des Fleisches zu verhindern. Die Landwirtschaft allein habe demnach den Notstand nicht heben können, und wenn auf praktischem Wege etwas erreicht werden soll, so müssen die als Konsumentenvertreter zunächst beteiligten Gemeinden sich darüber klar werden, wie und in welchem Umfang sie etwa in die Preisbildung eingreifen können. Zwar sollen die Städte, um den Fleischpreis zu beeinflussen, nicht selbst Rindvieh- und Schweinemästung betreiben, sondern es solle ein Weg gesucht werden, auf dem eine Verbindung zwischen Stadt und Land, eine Interessenverbindung, eine Arbeitsgemeinschaft geschaffen werden kann. Wir waren der Meinung, ein preisregulierender Einfluß könne seitens der Städte dadurch gewonnen werden, daß die Zucht insbesondere von Schweinen, und weiterhin die Mästung von Schweinen, aber auch von Rindvieh, durch die landwirtschaftlichen Organisationen erfolgen könnte, und zwar in der Weise, daß die Städte mit ihrer Finanzkraft, mit ihrem Kredit die landwirtschaftlichen Genossenschaften unterstützen, letztere aber die Produzenten des Fleisches sein und bleiben sollen. Daß eine solche Arbeitsteilung und Arbeitsgemeinschaft zwischen Stadt und Land möglich ist, glauben wir erwiesen zu haben.

Allerdings sei eine solche Organisation nicht so ganz einfach, aber bei gutem Willen lasse sich in der Tat etwas bedeutendes erreichen. Die Lieferung des ganzen Bedarfs an Fleisch einer größeren Stadt durch die landwirtschaftlichen Genossenschaften würde wohl nicht oder schwer ausführbar sein; aber eine Preisminderung auf den allgemeinen Märkten sei möglich, wenn die Städte in der Lage sind, preisregulierend einzuwirken. Die Landwirtschaft sei nicht abgeneigt, diese Frage ernstlich ins Auge zu fassen; ihre Lösung sei von größter Wichtigkeit nicht bloß aus wirtschaftlichen, sondern auch aus politischen und sozialen Gründen. Sicher wäre die Schaffung einer Interessen- und Arbeitsgemeinschaft von Produzent und Konsument ein geeigneter Weg, Stadt und Land einander auch innerlich wieder näherzubringen, an Stelle des häßlichen Kampfes und Streites, der nur Haß, Zwietracht und Entfremdung der Stammesgenossen erzeuge, das Verständnis für die beiderseitigen Sorgen und Mühen und den aus gemeinsamer wirtschaftlicher Arbeit erwachsenden sozialen Frieden zu setzen. Darum sei vor allem der Frage ernstlich ins Gesicht zu sehen, ob und inwieweit durch landwirtschaftliche

Genossenschaften eine Verbindung mit der Stadt, mit dem städtischen Fleischbedarfe hergestellt werden kann, ob und inwieweit die landwirtschaftlichen Genossenschaften den Fleischbedarf der Städte, wenigstens zu einem gewissen Teile, so daß dadurch ein preismindernder Einfluß erzielt werden kann, zu decken in der Lage seien. Es wäre festzustellen, wie das im ganzen deutschen Reiche bewerkstelligt werden könne. Eine solche Verbindung zwischen Landwirtschaft und städtischer Bevölkerung werde dem deutschen Volke nur zum Segen gereichen."

Dazu sagte Freiherr von Wangenheim:

„Es ist uns Landwirten in der Presse immer wieder der Vorwurf gemacht worden: ‚Was haben denn die Landwirte getan, um die bestehende Fleischteuerung zu lindern?' Meine Herren, ich glaube, wir haben viel mehr getan, als die Öffentlichkeit ahnt. Im Jahre 1902 ist auf meine persönliche Veranlassung von dem damaligen Leiter der Viehzentrale ein Anschreiben an sämtliche deutschen Städte mit öffentlichen Schlachthäusern erlassen worden, in dem ihnen vorgeschlagen wurde, mit uns Landwirten in Beratung zu treten, wie den unerwünscht hohen Fleischpreisen entgegengearbeitet werden könnte. Dieses Schreiben ist von der großen Mehrzahl der Städte überhaupt nicht beantwortet worden und die wenigen, die geantwortet haben, haben abgelehnt. Wir haben sodann den praktischen Versuch gemacht, ob wir von der Landwirtschaft aus direkt die Städte, wie z. B. Berlin, mit geschlachtetem Fleisch versorgen könnten. Diese Versuche sind ebenfalls eine Zeitlang durch den verstorbenen Landesökonomierat Ring ausgeführt worden, und zwar dadurch, daß in Landsberg a. W. geschlachtet wurde, und dann hat sich in Pommern eine Viehverwertungsgenossenschaft gebildet; es wurde in der Provinz in Stettin von dortigen Schlächtern geschlachtet und das gekühlte Fleisch alsdann hierher geschickt. Meine Herren, wären damals den pommerschen Landwirten die Erleichterungen zuteil geworden, die heute dem ausländischen Fleische zuteil werden, dann hätten wir dieses Fleisch den Städten sehr viel billiger liefern können, als heute das russische Fleisch geliefert wird. Aber das pommersche Fleisch ist damals boykottiert worden, und die Landwirlschaft hat — ich kann es ja jetzt sagen — 90000 Mk. dabei verloren. Heute liegen jedenfalls die Verhältnisse bei uns so, daß allmählich auch unsere kleinen Landwirte und Tagelöhner sich darüber klar geworden sind: wir müssen aus den ewigen Schwankungen mit den Schweinen heraus; es muß gleichmäßig weiter gezüchtet werden. Es ist uns ferner ganz besonders erfreulich gewesen, daß bei der Agitation, die wir jetzt in Pommern vorgenommen haben, um den Städten dauernd größere Schweinelieferungen anstellen zu können, ein großer Teil unserer Viehhändler erklärt hat: ‚Wir machen die Sache gleich mit, wir sind zufrieden, wenn wir aus dem ewigen Hasardspiel des Berliner Marktes herauskommen und wenn wir eine Kleinigkeit sicher verdienen, sind wir viel besser daran als früher.' Zuerst haben sich in Vorpommern eine ganze Anzahl von Händlern angeschlossen und mein eigener hat mir gesagt: ‚Ich mache mit Kußhand die Sache mit.' Wenn sich endlich eine Stadt bereit erklärt, dieses Geschäft mit uns durchzuführen, dann werden wir in Pommern, soviel ich es übersehen kann, beinahe auch das letzte Schwein zugewiesen bekommen.

Ich glaube also — leider ist der Herr Oberbürgermeister von Berlin fortgegangen — es wäre außerordentlich dankenswert, wenn die Stadt Berlin das Angebot, das ihr von den pommerschen Landwirten gemacht worden ist, in irgendeiner Weise annähme. Den Herren ist, glaube ich, bekannt, daß ein zweites Angebot von Pommern aus an die Stadt Berlin gemacht worden ist. Nachdem man uns dort gesagt hat, unsere Forderung wäre viel zu hoch, haben wir neuerdings der Stadt Berlin angeboten, wir wollten ihr zu dem Durchschnittspreise von fünf Jahren liefern. Eine Antwort ist uns bis jetzt nicht zuteil geworden, wir werden infolgedessen mit anderen Städten in Beziehung treten. Meine Herren, wenn von einer anderen Seite der Einwand gemacht worden ist, wo die Sicherheit sei, die die Viehverwertungsgenossenschaften böten, so kann ich nur das eine sagen: die Landwirtschaftskammer und die Genossenschaften werden dafür eintreten; wir werden ein Kapital als Garantiefonds zusammenbringen, das vollste Sicherheit für die Sache bietet."

Das war vor dem Kriege.

Leider ist damals eine Verbindung der landwirtschaftlichen Genossenschaften mit den Städten nur in ganz vereinzelten Fällen zustande gekommen. Daß sie eine sehr wichtige Kriegsvorbereitung auf wirtschaftlichem Gebiete gebildet hätte, kann nicht geleugnet werden.

In beinahe wegwerfender Weise hatte der Vertreter der Stadt Berlin, Stadtrat Berndt, in der Versammlung über die obenberührte Fleischmarktenquete am 31. Januar 1913 sich über die Einrichtungen Ulms und Neu-Ulms geäußert, während Oberbürgermeister Dr. v. Borscht-München warme Worte der Anerkennung für sie gefunden hat.

Wie sich dieselben vor dem Kriege und während desselben bewährt haben, ergibt nachstehende kurz gehaltene Darstellung.

Die Verträge, welche die Städte Ulm und Neu-Ulm im Dezember 1911 mit der „Genossenschaft für rationelle Schweinezucht im Amtsbezirk Neu-Ulm" — Leiter: Regierungsrat Risch in Neu-Ulm — abgeschlossen haben, setzen wir als bekannt voraus. Neu ist nur eine durch den Krieg herbeigeführte Abweichung vom Vertrage.

Als der Krieg ausbrach, richtete die oben genannte landwirtschaftliche Genossenschaft an die Stadtverwaltungen Ulms und Neu-Ulms die Bitte, „während der Kriegszeit die Aufwendungen mit dem verhältnismäßigen Anteil mitzutragen, welche der Genossenschaft durch den Ankauf von Futtermitteln und den Ankauf bzw. die Bereitstellung von Läufern für die Mästerei über den bisherigen Normalpreis hinaus erwachsen."

Diesem Gesuche hat die Ulmer Stadtverwaltung aus Billigkeitsgründen entsprochen; ferner sind Stadtverwaltung und Fleischerinnung übereingekommen, daß die von der Genossenschaft zu liefernden Schweine unmittelbar an die Stadt abgeführt werden, welche vom September 1914 bis März 1915 über 1000 Schweine schlachten und deren Fleisch räuchern ließ.

In welcher Weise und in welchem Umfange die Arbeitsgemeinschaft zwischen den Städten Ulm und Neu-Ulm und der Genossenschaft für rationelle Schweinezucht im Bezirk Neu-Ulm der Versorgung der genannten Städte mit Fleisch zu Hilfe gekommen ist, ergibt sich aus nachstehenden Zahlen:

An Schweinen hat die Genossenschaft seit Kriegsbeginn den Städten trotz der überaus großen Ernährungsschwierigkeiten (Mangel an geeignetem Futter für die Tiere) 5900 Stück mit einem Schlachtgewicht von 1099000 Pfund Schweinefleisch einschließlich der Kriegswurst geliefert.

Aus der Rindviehweide, die infolge der Aufrichtung von Schlagbäumen von Land zu Land, ja von Bezirk zu Bezirk, nur kurze Zeit für Ulm ausgenützt werden konnte, sind 190 Rinder im Schlachtgewicht von 118000 Pfund dem Ulmer Schlachthause zugeführt worden.

Tritt als wichtigstes Ergebnis der geschilderten Einrichtung die Tatsache in die Erscheinung, daß „**Schweinefleisch vorhanden ist und an alle Teile der Bevölkerung**, wenn auch in bescheidenen Mengen, **abgegeben werden kann, so liefern auch die** im folgenden aufgeführten **Schweinefleischpreise den Beweis, daß das** früher von auswärtigen Fleischern, Händlern und Städtevertretern so scharf bekämpfte **Verfahren der Städte Ulm und Neu-Ulm eine sehr namhafte Minderung des Schweinefleischpreises bewirkt hat.**

Die Preise für städtisches Schweinefleisch stellten sich:

Schweinefleisch von städtischen Schweinen

	pro Pfund	
1913	— Mk.	75 Pf.
1914	— „	80 „
April/Mai 1915 . . .	— „	92 „
Juni/Juli 1915 . . .	1 „	— „
August 1915	1 „	10 „
Septbr./Dezbr. 1915	1 „	20 „
Januar/März 1916 .	1 „	30 „
April/Juni 1916 . .	1 „	50 „
Seit Juli 1916 . . .	1 „	60 „
für Bemittelte .	1 „	64 „
Privatverkauf in Ulm	(Ladenpreise)	
Preise seit Juli 1916		
für Rippenstücke,		
Lendenstücke	1 Mk.	90 Pf.
für Schlegel, Bug	1 „	70 „

Schweineschmalz von städtischen Schweinen

	pro Pfund	
1913	1 Mk.	05 Pf.
1914	— „	95 „
April/Mai 1915 . .	1 „	20 „
Juni/Juli 1915 . . .	1 „	25 „
August/Septbr. 1915	1 „	30 „
Okt. 1915/Febr. 1916	1 „	40 „
Februar/März 1916	1 „	80 „
April/Juli 1916 . . .	1 „	90 „
Seit August 1916 . .	2 „	— „

Für Bemittelte ist der Preis 20 Pf. pro Pfund höher.

Der allgemeine Ladenpreis war um 30—50 Prozent höher.

Die Abgabe geschieht nur gegen Karte.

Selbst unter all' den Schwierigkeiten, die der Krieg im Gefolge hatte, hat sich das Unternehmen trefflich bewährt. So wie in Ulm alle Parteien auf dem Rathause demselben bei seiner Gründung zugestimmt haben, so einmütig freuen sie sich heute über das Wachsen und Gedeihen des kräftigen Kindes.

Denn von all' den Schreckensbildern, die seine zahlreichen auswärtigen Gegner mit blühender Phantasie an die Wand gemalt haben, hat keines Farbe und Gestalt angenommen.

So glänzend die militärische Kriegsvorbereitung Deutschlands sich bewährt hat, die wirtschaftliche hat versagt. Was nützt es, heute diesem oder jenem öffentlichen Organ um deswillen einen Vorwurf zu machen? Freilich eine gewisse Entschuldigung können die Sünder, wo immer sie zu suchen sind, für sich in Anspruch nehmen. Wer hätte mit einer solch' langen Dauer des Kriegs gerechnet? Jedenfalls aber hat die berufsmäßige Landwirtschaft ihre Aufgabe, Volk und Heer zu ernähren, nach Maßgabe ihrer Kräfte (vgl. die fortgesetzte Verschiebung unserer Bevölkerung zuungunsten der Landwirtschaft) in trefflicher Weise erfüllt und sie verdient dafür den Dank des ganzen Vaterlandes. Nunmehr liegen die Verhältnisse aber so, daß die Landwirtschaft mehr und mehr ihrer besten Kräfte beraubt ist. Der Krieg hat gewaltige, zunächst nicht ausfüllbare Lücken in ihre Reihen gerissen. In unzähligen Betrieben fehlt das Wichtigste, das Unersetzliche: Das Auge des Herrn. Es mangelt an Gespannen, an Kunstdünger. Feldbestellung und Saat können sich nicht mehr geordnet wie früher vollziehen. Der Stalldünger hat infolge der minderen Ernährung der Tiere an Wirkung erheblich verloren. Kurz, es wird unmöglich sein, das Mehr der Lebensmittelerzeugung, das die Allgemeinheit verlangen muß, jetzt noch von der so hart in Anspruch genommenen deutschen Landwirtschaft aus eigener Kraft allein zu fordern. Die Berufslandwirtschaft muß also bei der gesteigerten Produktion teils entlastet, teils unterstützt werden. Das erfordert dreierlei. Einmal neue Träger der Produktion, dann neue Verbindungen zwischen Erzeuger- und Verbrauchergebieten, drittens eine gemeinsame Zentrale für die Regelung und Abgrenzung.

I.

Neue Träger der Produktion.

Neue Quellen der Produktion lassen sich erschließen, aber niemals durch unmittelbaren staatlichen Produktionszwang, der immer, wie und gegen wen er sei, ein vergebliches Beginnen bleiben muß. Es sind vielmehr neue Träger der Produktion ausfindig zu machen, die nicht auf staatlichen Zwang, aber getrieben von der Not des Vaterlandes und ihrer eigenen Not, die Produktionsarbeit durch Einrichtungen auf längere Zeit hinaus aufnehmen müssen. Diese Träger müssen — da Gefahr auf Verzug steht — an bestehende Organisationen angeschlossen werden, die kapitalkräftig sind und ihre Kraft und Erfahrung im Wirtschaften schon — wenn auch auf anderen Gebieten — bisher erprobt haben: Es sollen die Großstädte, die größeren Städte, die Großindustrie selbst oder in Verbindung mit landw. Genossenschaften usw. sein. In gewissem Umfang hätten sich auch Reich und Staat und die sonstigen öffentlichen Korporationen, soweit sie Unternehmer und Besitzer von Grund und Boden sind, an diesem Werk zu beteiligen. Alle diese Träger werden vor neue, aber nicht zu schwierige Aufgaben gestellt, wenn entsprechende, noch zu erörternde Maßnahmen nicht außer acht gelassen werden.

Die erste Voraussetzung für eine gedeihliche Wirksamkeit dieser neuen Unternehmen ist aber die, daß das von ihnen oder durch ihre Vermittlung für sie **neu Produzierte auch zu ihrer eigenen Verwendung frei steht und von dem Grundsatze der allgemeinen Rationierung frei bleiben muß.** Mit den durch ihre Tätigkeit (sei es eine aktive oder eine vertraglich sichernde) neu hervorgebrachten Erzeugnissen sollen die Unternehmer also vollständig frei schalten dürfen, sie sollen insbesondere die Möglichkeit haben, damit die allgemeine, ungenügende Ration der ihrem Verbande Angehörigen, vor allem aber der **Arbeiter** zu erhöhen. Es wird damit eine Prämie geschaffen, die der Bevölkerung jener Stadt oder Großindustrie zufällt, die neue Lebensmittelwerte erzeugt oder durch ihre Vermittlung erzeugen läßt. Je mehr sie erzeugt, desto größer die Prämie, desto höher der Zuschlag zur Ration der Beteiligten, desto größer die Zufriedenheit der Bedachten. Würde man das so Produzierte ebenfalls dem allgemeinen Rationierungszwang unterwerfen, **dann würde jeder Anreiz zur neuen Produktion fehlen.** Der Unternehmer, der das neu Produzierte in die allgemeine Rationierungsmasse einwerfen muß, würde gewissermaßen für seine mit Mühe und Risiko verbundene Tätigkeit statt belohnt, bestraft werden. Im anderen Falle aber, wenn hier von der Durchführung des starren Rationierungsgrundsatzes abgewichen wird, muß sich der Anreiz zur Produktion unvergleichlich steigern. Ja, es läßt sich dann — wenn auch nur indirekt in der Wirkung — der in der letzten Zeit öfter geforderte, aber gesetzlich, wie gesagt, durchaus undurchführbare Zwang zur Produktion erreichen: Denn die Städte und die Großindustrie, die hier etwa beiseite stehen bleiben wollten, würden in kürzester Frist voraussichtlich von der Gewalt der öffentlichen Meinung ihrer Bevölkerung und Arbeiter zu dieser Art von Produktion gezwungen werden. Die hier unbedingt zu fordernde Ausnahme vom Rationierungszwang ist aber gewiß eine in sich selbst wohl begründete: Denn die neue Art von Produktion — es bildet sich in gewissem Sinn eine neue Gruppe von Selbstversorgern — entsteht niemals aus dem Gesichtspunkte des Unternehmergewinnes, sondern lediglich aus dem Gesichtspunkte des öffentlichen Wohles; es handelt sich hier um einen Akt der Selbsthilfe öffentlicher Korporationen zugunsten ihrer notleidenden Angehörigen, in erster Linie der **Arbeiter.**

II.

Die neue Produktionstätigkeit und die gemeinnützigen Produktionsstellen.

Zur Produktionsvermehrung sollte von den Großstädten und größeren Städten sowie von der Großindustrie so bald als möglich eingerichtet oder mit ihrer wesentlichen Unterstützung durch landw. Genossenschaften usw. geschaffen werden:

1. Zur Behebung der gegenwärtigen Fett- und Fleischnot sowie zur Sicherung für die Zukunft: Schweinemästereien mit Schweinezuchtanstalten.

2. Zur Sicherung der künftigen Kartoffelversorgung: Kartoffelbauanlagen.

3. Zur Behebung der bestehenden Milchnot und Sicherung für die Zukunft: Milchviehhaltungen, insbesondere Milchviehweiden, daneben auch Ziegenhaltungen.

4. Zur Behebung der bestehenden und künftigen Eiernot: Eierfarmen.

5. Zur Sicherung des Gemüse- und Obstbedarfs: Gemüse- und Obstbauanlagen.

6. Wo günstige natürliche Vorbedingungen vorhanden: Teichwirtschaftsanlagen zur Versorgung mit Fischen.

Alle diese Anlagen sind, wie hier schon bemerkt sein mag, teils im Bezirksamt Neu-Ulm, teils im Gebiete der Stadt Ulm seit Jahren eingerichtet und im Betrieb; sie sind teils vertragsmäßig, teils unmittelbar zur Versorgung der Stadt Ulm bestimmt, haben anerkanntermaßen (im Frieden und Krieg) ihre Lebens- und Leistungsfähigkeit erwiesen und können somit als praktische Vorbilder dienen. Die Anlagen bestehen im einzelnen aus einer Schweinemästerei mit einem Durchschnittsbestande von 1100 Tieren, aus einer Schweinezucht mit einem Durchschnittsbestande von 700 Tieren, aus 3 Milchviehweiden für einige 100 Milchkühe, aus 3 Eierfarmen, aus großen Obst- und Gemüsebauanlagen sowie aus 2 Teichwirtschaften.

Der Natur der Sache nach werden Stadtverwaltungen und Großindustrie, von Einzelausnahmen abgesehen, auf diesem neuen Gebiete der Lebensmittelerzeugung keine besonderen Erfahrungen haben. Es ist daher unbedingt nötig, diese Art von Tätigkeit in einem organischen System zu verbinden und durch eine Verwaltungszentrale in einer Hand zusammenzufassen. Diese Verwaltungszentrale hätte etwa folgende Aufgabe:

a) Zunächst wäre die Frage des Bedürfnisses und der wirtschaftlichen Sicherung für die bestehenden und neu zu errichtenden Unternehmen zu prüfen, Fragen, die wesentlich mit der Beschaffung der Futtermittel, der Arbeitskräfte, Tierbestände usw. zusammenhängen. Gegebenenfalls würde die Anerkennung als „Gemeinnützige Produktionsstelle" zu erfolgen haben.

b) Die so anerkannten Unternehmen wären durch Abordnung Sachverständiger, durch Pläne, Kostenanschläge usw. bei Auswahl des Geländes, Einrichtung der Anlagen, Führung der Betriebe, Vermittlung von Futtermitteln, Arbeitskräften, Saatgut, Kunstdünger, Tierbeständen usw., insbesondere aber auch bei **Abschluß und Durchführung** von Sicherungsverträgen mit landwirtschaftlichen Genossenschaften usw. zu beraten und zu unterstützen;

c) gegebenenfalls, wenn aus der Nichtbefolgung wichtiger Ratschläge größerer Schaden oder Nichterreichung des Zweckes drohte, wäre die Anerkennung zu widerrufen;

d) die Verweigerung der Anerkennung als „gemeinnützige Produktionsstelle" mangels Bedürfnisses oder die Zurücknahme dieser Anerkennung hätte zur Folge, daß die betreffende Produktion der allgemeinen Rationierung verfällt und daß jede Beratung und Unterstützung durch die Zentrale unterbleibt.

Die Städte und Großindustrie, die sich die Anerkennung und die hieraus entspringenden Vorteile sichern wollen, hätten

a) das Gelände und das Kapital für die Einrichtung und den Betrieb der Anlagen bereit zu stellen,

b) die Ratschläge der Zentrale zu befolgen,

c) für die Verwaltungskosten der Zentrale je nach der Größe ihrer Betriebe Beiträge zu entrichten.

Die Verbindung zwischen Zentrale und Unternehmern könnte ganz wohl im Wege freien Vertragsabschlusses erfolgen. Die Zentrale und ihre Befugnisse müßten durch Bekanntmachung des Reichskanzlers anerkannt sein.

Ohne eine derartige Regelung würde der beabsichtigte Zweck einer großen und gesicherten Produktionsvermehrung nicht zu erreichen sein. Wo Neuanlagen entstehen, muß für diese und den Betrieb ein bereits bewährtes System allgemein eingeführt werden. Sonst würde eine Zersplitterung der Kräfte, eine unfruchtbare Vergeudung von Mitteln, eintreten — das Ende wäre ein früherer oder späterer Zusammenbruch solcher Unternehmen. Das wäre um so schlimmer, als zu den unnütz verbrauchten Mitteln nicht nur Kapital, das sich schließlich in einer Zeit wie der jetzigen eher verschmerzen ließe, sondern unersetzliche Produktionsstoffe gehören würden. Bevor hier eine Klärung erzielt ist, sollten Städte und Großindustrie von der weiteren Inangriffnahme eigener Unternehmungen eher abgehalten werden.

Den Städten und der Großindustrie wird wohl eine derartige Unterstützung durch eine sachverständige Zentrale erwünscht sein und sie werden wohl im Interesse des Zweckes diese gewiß leichte Art der Oberleitung gerne ertragen. Selbstverständlich darf diese Oberleitung niemals in kleinlicher, bureaukratischer, schablonenhafter Weise sich geltend machen, sondern nur nach ganz großen Gesichtspunkten ausgeübt werden. **Gerade auf die größtmögliche Bewegungsfreiheit der Unternehmer ist das Hauptgewicht zu legen**, weil die Arbeitsfreudigkeit erfahrungsgemäß dadurch besonders gefördert wird. Die Bürgschaft hierfür wird namentlich in der Zusammensetzung der Zentrale und ihrer Sachverständigen liegen. **Den Städten und der Großindustrie wird es unbenommen bleiben müssen**, ob sie den Weg der **aktiven Produktion** oder die Sicherung im Wege des **Vertragsschlusses** mit einer **landwirtschaftlichen Organisation** usw. **wählen**. Das Entscheidende ist hierbei immer, daß besondere Einrichtungen für eine bestimmte städtische Versorgung vertragsmäßig geschaffen worden sind oder geschaffen werden. Denn das, was die Landwirtschaft ohne solche **besondere** Zweckbestimmung produziert, muß, wie bisher, solange und soweit die Rationierung besteht, in die für diese bestimmte Mengen fallen. Gerade bei der vertraglichen Sicherung der Produktion möchte die Einwirkung der Zentrale von besonderer Bedeutung sein, weil sie hier nicht nur beratend, sondern auch ausgleichend zwischen den Parteien als sachverständiger, über den Behörden stehender Schiedsrichter tätig werden kann.

In ganz ähnlicher Weise, wie hier für die Produktionsvermehrung der Großstädte und Großindustrie vorgeschlagen, sollten auch die staatlichen Großbetriebe (Eisenbahn, Bergbau, Munitionsfabriken usw.) und besonders die Versicherungsanstalten zur Mitarbeit herangezogen werden. Gerade den letzteren stehen in der Regel sehr reiche Mittel, entsprechendes Gelände und auch Arbeitskräfte zur Verfügung. Für Zwecke der Lebensmittelproduktion sind diese Mittel in einer für die Allgemeinheit in Betracht kommenden Weise, soviel bekannt, bis jetzt noch nie zur Verwendung gelangt. Das wird jetzt sofort nachzuholen sein. Am besten würden wohl die staatlichen Betriebe und die Versicherungsanstalten je in einer eigenen großen Gruppe unter einer Zentrale zusammenzufassen und von dort aus zu organisieren sein. Über den Produktionsanfall der Versicherungsanstalten wären besondere Bestimmungen zu treffen.

Es erhebt sich hierbei auch die Frage, wie es um die Eigenproduktion der militärischen Betriebe steht. Eine bestimmte gemeinsame Regelung dürfte hier angezeigt sein. Sehr viele Truppenteile leisten namentlich seit Kriegszeit ganz Bedeutendes in dieser Richtung, namentlich in bezug auf Schweinemast. Es wäre nur zu wünschen, daß die Produktion möglichst von allen Truppenteilen aufgenommen, ihnen allerdings dann auch auf die dem Heere zukommenden Lieferungen entsprechend angerechnet wird. Truppenteile, die nicht selbst produzieren, wären zu verpflichten, die sich bei ihnen ergebenden Speiseabfälle und Knochen zu mäßigen Preisen an die nächste „gemeinnützige Produktionsstelle" abzugeben. Die Regelung kann sich natürlich nur auf die Truppenteile beziehen, die ihren Standort in Deutschland haben.

III.

Durchführbarkeit und Wirkung der „gemeinnützigen Produktionsstellen".

a) Die Kapitalfrage.

a) Die Kapitalfrage ist eine untergeordnete in Anbetracht der gerade für die betreffenden Unternehmer so außerordentlich wichtigen Ernährungsfrage und in Anbetracht der hier regelmäßig reichlich zur Verfügung stehenden Mittel. Vertreter von Großstädten und Großindustrie haben sich in diesem Sinne bereits ausdrücklich ausgesprochen. Es wäre auch gar nicht einzusehen, warum Städte und Industrie, die für öffentliche Zwecke jeder Art die höchsten Summen ständig ausgeben, sich weigern sollten, gegebenenfalls selbst größere Beträge für den jetzt wichtigsten öffentlichen Zweck, das Durchhalten zu Hause, die Sicherung der Bevölkerungsernährung, zur Verfügung zu stellen. Um übermäßige Summen handelt es sich überhaupt nicht. Beiläufig bemerkt, betragen die gesamten Bau- und Einrichtungskosten für die großen Schweinezucht- und Mästereianlagen der Genossenschaft, die die Stadt Ulm versorgt, noch nicht einmal 80000 Mk. Es muß bei derartigen Anlagen grundsätzlich daran festgehalten werden, daß die ganze Bauweise so einfach und billig als möglich erfolgt. Wenn nun auch nicht außer Betracht gelassen werden darf, daß die Kosten der Bauarbeiten während des Krieges ganz erheblich gestiegen sind, so würden doch durch die hier erforderlichen Ausgaben die Städte sicherlich nicht allzusehr belastet werden. Und zwar gilt dies nicht nur hinsichtlich der Ausgaben für die eigenen bzw. vertraglich gesicherten Unternehmungen, sondern auch für die Beiträge zur Verwaltungszentrale. Die Unterstützung der Unternehmer durch diese Zentrale, die sonst völlig unentgeltlich erfolgt, ist eine so überaus wichtige und wertvolle, ja eigentlich unersetzliche, daß demgegenüber die geringen Beitragsleistungen nicht ins Gewicht fallen, ja nicht einmal annähernd ein Entgelt darstellen.

b) Die Geländefrage.

Die Anlage der Schweinemästerei erfordert einen verhältnismäßig ganz kleinen Bauplatz, der überall zur Verfügung steht. Sehr wohl können auch vorhandene alte Ställe und Schuppen verwendet oder mit wenig Kosten hierfür eingerichtet werden. Die Schweinezuchtanlage, die auf Weidebetrieb gegründet sein muß, erfordert zunächst ein geschlossenes Gelände von 5—10 ha; Kartoffelanbau und Milchviehhaltung, die ebenfalls mit Weidebetrieb zu verbinden ist, verlangen natürlich ein entsprechend größeres Gelände; für den Kartoffelanbau ist eine geschlossene Fläche übrigens nicht notwendig. Die Eierfarm schließt sich unmittelbar an die Schweinezucht und Milchviehhaltung an und beansprucht kein eigenes Gelände.

Großstädte, größere Städte, ebenso große Fabriken besitzen in der Regel schon das für die betreffenden Zwecke erforderliche Gelände. Allerdings wird es meist verpachtet sein und nur in Ausnahmefällen so bewirtschaftet werden, wie es die jetzige Kriegslage verlangt, bei der alle Mittel zur richtigen Produktionsvermehrung schleunigst flüssig gemacht werden müssen. Viele Städte werden sich wohl durch einen Kündigungsvorbehalt im Pachtvertrage („wenn öffentliche Zwecke usw. es erfordern") den jederzeitigen Rückgriff gesichert haben (z. B. die Stadt Ulm). Wo das nicht ist, muß durch Erlaß einer Reichskanzler-Bekanntmachung die Möglichkeit eines Zwanges gegenüber dem Pächter an die Hand gegeben werden. Er muß entweder das Gut für Rechnung der Stadt usw. so bewirtschaften, wie es die öffentlichen Zwecke verlangen, oder den Teil des Pachtgutes, der für diese öffentlichen Zwecke beansprucht wird, an die Stadt sofort gegen Abfindung zurückfallen lassen. Wird so verfahren, dann ist es nicht mehr der alte Betrieb in neuer Hand, sondern es wird eine ganz außerordentliche Wertsteigerung für die jetzigen Bedürfnisse der Allgemeinheit erreicht. Es entstehen damit für unsere Kriegszwecke ganz neue, unvergleichlich hohe und nützliche Werte, deren Hervorbringung man dem Pächter unter keinen Umständen zumuten kann, da er sie oft gar nicht auszuführen vermöchte und sie seinem eigenen Interesse sogar zuwiderlaufen kann. Es muß also jedenfalls für die jetzige Kriegszeit der Grundsatz gelten: „Schleunigst zurück mit allem geeigneten städtischen Gelände in die Hände der Kommunen".

In ähnlicher Weise könnte bezüglich der Staatsgüter und der Güter der öffentlichen Korporationen (Stiftungen, Universitäten usw.) verfahren werden.

Eine unüberwindliche Schwierigkeit kann sonach die Geländefrage nicht bieten.

c) Die Frage der Arbeitskräfte.

Hier darf zunächst sicher auf die Mitwirkung des Kriegsamtes im weitesten Umfange gerechnet werden. Abgesehen davon sind ausgiebigst Kriegsgefangene und garnisondiensttaugliche Heeresangehörige, unter denen sehr viele Landwirte von Beruf sind, abzustellen. Kriegsgefangene dürfen künftig, soweit sie nicht in der Kriegsindustrie usw. erforderlich sind, nur noch an Landwirte und an die neuen „gemeinnützigen Produktionsstellen" abgegeben, also überhaupt nur noch aus dem Gesichtspunkte der Volksernährung verwendet werden.

Das Ermessen der Gefangenen-Inspektionen darf hier nicht mehr allein entscheidend sein.

Im übrigen ergibt sich hier eine reiche Gelegenheit zur Beschäftigung von Kriegsinvaliden. Sie wird vielen die Rückkehr zum landwirtschaftlichen Beruf ermöglichen, anderen wieder als Arbeit und Schule zugleich dienen und sie in die Landwirtschaft überführen. Manche Kriegerfrau wird dadurch willkommene Verdienstmöglichkeit finden. Nach Kriegsbeendigung bieten die Unternehmungen Tausenden von Kriegern Beschäftigungsgelegenheit.

d) Die Futtermittelfrage.

Sie bildet natürlich einen Grund- und Eckstein des hier besprochenen Wirtschaftsgebäudes. Es ist allgemein bekannt, daß wir an einem großen Mangel an Kraftfuttermitteln jeder Art leiden. Diese sind aber namentlich für die vorgeschlagene Schweinehaltung erforderlich. „Vermehrte Schweinehaltung?" So wird mancher Leser kopfschüttelnd fragen. „Ist denn so etwas möglich? Ist nicht das Schwein der schlimmste Nahrungskonkurrent des Menschen? Sollen die Schweine schließlich die Menschen auffressen?" Solche teils unwillige, teils erstaunte Fragen kann man vielfach hören. Gerade hier gilt es, sich von der Wirkung falscher Schlagworte zu befreien. Während dem toten Schwein allgemein

Liebe und Bewunderung (vgl. Uhlands Metzelsuppenlied) entgegengebracht wird, hat man sich vielfach gewöhnt, das lebende mit Haß und Blutdurst zu verfolgen. Sehr mit Unrecht. Das Schwein ist für die Ernährung das nützlichste aller Tiere und schon deshalb sollte gerade in einer Zeit wie der jetzigen, seine Haltung mit allen Mitteln und überall ermöglicht und gefördert werden. **Ohne vermehrte Schweinehaltung kommen wir aus der Fettnot, die uns jetzt am meisten bedrückt, überhaupt nicht heraus.** Speziell handelt es sich darum, ob die nötigen Mengen an Gerste, Kleie und Fischmehl (Fleischmehl, Kadavermehl) für den Bedarf des Wirtschaftsjahres 1917 sichergestellt werden können. Es ist aber dabei auch zu beachten, daß gerade die Schweinehaltung im Jahre 1917 unter keinen Umständen einen vollen Jahresbetrag an Futtermitteln beanspruchen kann. Denn da, wo noch gar keine Vorbereitungen getroffen sind, können bis zur Erstellung der Gebäude bzw. Einrichtung der Betriebe Monate vergehen; vom Herbst ab stehen jedenfalls größere Mengen Kartoffeln zur Verfügung, da Städte und Fabriken doch wohl sicherlich selbst in großem Umfang den Kartoffelanbau aufnehmen werden. Für die Schweinemästereien bilden übrigens die Speise- und Schlachthausabfälle einen ebenso reichen als wertvollen Bestandteil an Futtermitteln. Es müßten daher für die Schweinemästereien der „gemeinnützigen Produktionsstellen" sobald als möglich im Verordnungswege zwangsweise sämtliche Küchen- und Schlachthausabfälle der beteiligten Städte nach einem einheitlichen Ablieferungs-, Abfuhr- und Verwendungssystem gesichert werden. Befreit von der Abgabe darf nur derjenige Stadtbewohner werden, der für sich selbst oder vertraglich für die gemeinnützigen Produktionsstellen Schweine mästet.

Angenommen nun, daß im Jahre 1917 etwa 200 gemeinnützige Produktionsstellen entständen, die Schweinemästerei mit Beständen zwischen 300 und 2000 Stück betreiben würden, so werden alleräußerstenfalls für 8 Monate nach unseren auf viele Jahre gegründeten Erfahrungen im Großbetriebe ein Bedarf von 50000 Tonnen Gerste (bzw. Mais), 40000 Tonnen Kleie und 5000 Tonnen Fischmehl sicherzustellen, womit dann rund 400000 Ztr. Fleisch und 100000 Ztr. Speck produziert werden könnten. Die Fett- und Fleischnot ist so dringend, so groß, daß sie diesen Gerstenverbrauch der übrigens zum größten Teil aus den den Selbstversorgern belassenen 40% gedeckt werden könnte, hinreichend rechtfertigt. Gelangen weniger Schweine zur Einstellung, beginnt die Mästung erst in der zweiten Hälfte des nächsten Jahres und fällt die Kartoffelernte reichlich aus, dann mindert sich selbstverständlich der Gersten- (und Kleie-) Bedarf ganz erheblich. Die als Ergänzung zur Mästerei notwendigen Schweinezuchtbetriebe würden im Jahre 1917 sicher nicht mehr als 5000 Tonnen Gerste und 6000 Tonnen Kleie erfordern, weil die Grundlage für die Zucht der Weidebetrieb ist, der reichliche Nahrung bietet.

Für die Milchviehhaltung würde die Futtermittelfrage jeden falls keine entscheidende Schwierigkeiten bieten. Bis zum Mai 1917 sichert die günstige Heu-, Stroh- und Rübenernte das Durchhalten- Von da ab käme die Ernährung auf den Weiden in Betracht. Wohl werden bis dahin nur wenige gemeinnützige Produktionsstellen eigene betriebsfähige Weiden besitzen. Sie können sich aber vertragsmäßig die Benützung oder Mitbenützung der vorhandenen zahlreichen Jungvieh- und Fohlenweiden sichern, die, wie unser Beispiel in Neu-Ulm zeigt, leicht von den betreffenden Weidegesellschaften für Milchviehweide zur Verfügung gestellt werden können bzw. im Weigerungsfalle zwangsweise zur Verfügung gestellt werden müßten.

Für die Eierfarmen, die niemals in umzäunten Geflügelhöfen bestehen sollen, sondern mit vollständig freiem, reiche Nahrungsaufnahme sichernden Auslauf eingerichtet werden müssen, ist nur eine verhältnismäßig nicht bedeutende Gerstenmenge erforderlich.

e) Die Seuchenfrage.

Sie spielt bei der Milchviehhaltung, Schweinezucht und Eierfarm keine wesentliche Rolle, vorausgesetzt, daß die Tiere möglichst naturgemäß, d. h. im Freien, gehalten werden und so die nötige Abhärtung erfahren. Zweifellos bildet die Verseuchung und zwar lediglich die Verseuchung durch Schweinepest (nicht durch Rotlauf) aber eine wirkliche Gefahr für die Schweinemästerei. Diese Gefahr soll nicht unterschätzt, sie darf aber ja auch nicht überschätzt werden. Durch 2 Maßnahmen kann nach unseren Erfahrungen der Schweinepest wirksam begegnet werden. Zum ersten sollen in die Mast nur gesunde, widerstandsfähige Tiere aufgenommen werden. Das läßt sich nur erreichen, wenn die Mast mit der eigenen Zucht Hand in Hand geht und die Füllung der Mastställe der Hauptsache nach der eigenen Zucht entstammt. Da aber besonders anfangs immer noch ein Teil fremder Tiere für die Mast zugekauft werden muß, ist eine vorbeugende Schutzimpfung **aller** in die Mast eingestellten Tiere mit Schweinepestserum erforderlich. Seit 3 Jahren wird in unsrer großen Mästerei nach diesen Regeln verfahren und es ist seither kein Fall von Pest vorgekommen, während vorher die von auswärts eingeschleppte Pest uns wiederholte schwere Verluste brachte. Diese Erfahrungen wurden in den letzten 3 Jahren bei über 7000 Schweinen gemacht und dürften hinreichend beweiskräftig sein. Nötig wäre es, daß vom Reich aus baldigst die Herstellung der erforderlichen Impfstoffmengen (Pest und Rotlauf) gesichert wird.

f) Die Frage der Beschaffung von Kunstdünger, Saatgut und Tieren.

Wenn eine weitere Abgabe von künstlichem Stickstoff aus den vorhandenen Staats- und Privatbetrieben im militärischen Interesse unmöglich ist, dann wird im Hinblick auf die jetzt schon ganz ungenügenden Verhältnisse und die hier beabsichtigte gewaltige Produktionssteigerung die Errichtung einer besonderen Fabrik unerläßlich sein, worüber an anderem Ort zu verhandeln wäre.

Die Sicherstellung des Saatgutes (Kartoffeln- und Kleegrasmischung für Weide) sollte sobald als möglich erfolgen.

Ferkel und Läufer sowie Mutterschweine sind in den vorhandenen großen Zuchten hinreichend vorhanden, weniger vielleicht gute Eber. Die großen Zuchten müßten rechtzeitig auf die große Aufgabe hingewiesen werden, die ihrer im nächsten Jahre behufs Versorgung der neuen Unternehmen harrt; sie würden sie zweifellos erfüllen können, wenn ihnen Futtermittel nicht zu knapp zugemessen werden. Festsetzung von Höchstpreisen, die die Produktionskosten genügend berücksichtigen, für Läufer und Ferkel wird im Frühjahr 1917 dann nötig sein.

Die Milchvieh- und Ziegeneinfuhr aus der Schweiz wäre in erster Linie den neuen Unternehmen zur Verfügung zu stellen, ebenso das Material größerer Viehverkäufe und Viehversteigerungen zunächst der Verwaltungszentrale anzubieten. Schwierig wird die Bereitstellung guter Legehühner werden. Hier muß allmählicher Ausgleich durch Erwerbung von Bruteiern aus guten Zuchten und möglichst frühzeitigen Beginn des Brutgeschäftes geschaffen werden.

g) Der Kartoffel- und Gemüseanbau durch die gemeinnützigen Produktionsstellen.

Sehr wichtig ist es nach den bisherigen sehr ungünstigen Erfahrungen mit der Kartoffelversorgung, daß die großen Städte und Industrieunternehmen sich einen bestimmten, nicht zu kleinen Teil des Eigenbedarfs an Kartoffeln durch Selbstproduktion sichern. Sie sichern sich damit nicht nur gegen ungenügende Zuteilung bei schlechter Ernte, sondern auch gegen die sonstigen vielen Störungen, unter denen namentlich im Herbst die Kartoffelversorgung seit dem Kriege leidet (verspätete Ernte wegen Leutemangel, Feldbestellung und Drusch, verspätete Anlieferung wegen Wagenmangel, Verderben der Kartoffeln bei Frost auf der Bahn usw.).

Der Kartoffelanbau ist auf der gleichen Fläche gut während zweier aufeinander folgender Jahre möglich; dann schließt sich ausgezeichnet der Bau von Sommergerste an, die später gleich zu Schweinemast verwendet werden kann. Vom nächsten Sommer und Herbst an steht der Dünger aus den Schweinemästereien reichlich zur Verfügung. Wiesen, selbst wenn sie erst im Frühjahr zu diesem Zweck umgebrochen werden, brauchen keine weitere Düngung. Besonders sollten die trocken gelegten Hochmoore in möglichst hohem Maße für die Kartoffelerzeugung der gemeinnützigen Produktionsstellen herangezogen werden. Die Aufbewahrung der Kartoffeln erfolgt dann am besten gleich draußen in eigenen Mieten. Es wird immer nur der nächste Bedarf hereingebracht und verteilt, wodurch die Gefahr des Verderbens bedeutend herabgesetzt wird. Besonders wichtig ist, daß dann der erste Bedarf der Städte usw. insbesondere auch an Frühkartoffeln sofort aus eigener Ernte gedeckt werden kann und so die Schwierigkeiten, die sich erfahrungsgemäß jährlich wiederholen, überwunden werden. Fällt die allgemeine Kartoffelernte so reichlich aus, daß an Städte usw. vom Land ohnehin genügend abgegeben werden kann, dann bilden die selbsterzeugten Kartoffeln eine äußerst willkommene Zugabe für Schweinefütterung in städtischen Mästereien und Schweinezuchten. Die Stadt Ulm hat bereits Beschluß gefaßt, im Jahre 1917 etwa 1000 Morgen Kartoffeleigenbau anzulegen, nachdem sie mit den bisherigen großen Anbauversuchen (etwa 100 Morgen) sehr günstige Erfahrungen gemacht hat.

Was den Gemüsebau der gemeinnützigen Produktionsstellen betrifft, so empfiehlt sich vor allem der feldmäßige Gemüsebau und zwar in der Regel von anspruchslosen Sorten, insbesondere Kohlbau und Anbau von Weißkraut, dann von gelben Rüben, nach dem in den Städten großer Bedarf besteht. Auch ist sehr empfehlenswert der Anbau von Rhabarber, der das Obst teilweise ersetzt und große und leicht verwertbare Erträge bringt. Die Stadt Ulm hat mit dem feldmäßigen Anbau dieser Gemüsesorten bis jetzt besonders gute Erfahrungen gemacht und wird ihn im großen fortsetzen.

h) Die Zweckbestimmung der „Gemeinnützigen Produktionsstelle“

ist keineswegs auf die Kriegsdauer allein berechnet und beschränkt, sondern gerade auch für die Zeit nach dem Kriege. Zunächst hat man mit einer vielleicht recht langen Übergangszeit vom Kriegsschluß bis zu einer normalen Versorgung mit Lebensmitteln zu rechnen. Auf viele, viele Jahre hinaus wird man überhaupt gar nicht genug Lebensmittel erzeugen können. In späterer Zeit aber sollen die einmal vorhandenen Einrichtungen höchst willkommene Reservoire für die städtische Lebensmittelversorgung bilden, schwierige Perioden in der städtischen Lebensmittelversorgung (Fleischteuerungen, die regelmäßig wiederkehren) leichter überwinden helfen und schließlich als die lange ersehnten **Preisregulatoren** für den Lebensmittelmarkt dienen, die eine allgemein bessere Lebenshaltung des kleinen Mannes, insbesondere des Arbeiterstandes ermöglichen.

Im übrigen sind die g. P. Unternehmungen, aus der Kriegszeit heraus geboren, die als schädliche Konkurrenz für die Landwirtschaft weder gedacht sind, noch als solche wirken können. Im Gegenteil, die Mitwirkung der Landwirtschaft im Wege der vertraglichen Sicherung ist nur erwünscht. Stadtverwaltung und Großindustrie werden mittels ihrer Kapitalkraft vielleicht auf manchem Gebiet leichter produzieren, aber gewiß nicht billiger als der Landwirt selbst, also die Preise, die der Landwirt zu seiner Erhaltung braucht, nicht drücken können. Andererseits zeigt der Krieg so recht, daß wir an Lebensmitteln, wie sie hier in Frage stehen, gar nicht genug produzieren können. Schließlich muß die Übernahme eines Teils der landwirtschaftlichen Produktion durch Stadtverwaltungen und Großindustrie auch dort zu einem allgemeinen besseren Verständnis der landwirtschaftlichen Produktionsverhältnisse führen, an dem es oft doch noch sehr gebricht, wie denn auch das Umgekehrte für das Land gilt. Dadurch müssen schließlich Stadt und Land näher aneinander gebracht werden, was für unser ganzes Volksleben von größter Bedeutung ist.

i) Wann tritt die Wirkung der „Gemeinnützigen Produktionsstelle" ein.

Hier darf man sich, soweit es sich nicht um vertragliche Sicherungen bestehender landwirtschaftlicher Einrichtungen handelt, keinen zu optimistischen Erwartungen auf eine sehr rasche direkte Wirkung hingeben. Noch verfehlter allerdings wäre ein unfruchtbarer Pessimismus. Einmal muß begonnen werden. Noch ist es nicht zu spät, wenn auch kostbare Zeit genug verloren gegangen ist. Den ersten Ertrag wird die Milchviehhaltung und zwar sofort bringen; die Schweinemästerei wird einige Monate später folgen. Vom Herbst 1917 an werden die Erträge des Kartoffel- und Gemüseanbaues und der Eierfarmen fließen. Sobald übrigens die Einrichtungen sicher in Gang gesetzt sind, wird unbedenklich die Fleisch-, Fett- und Eierration allgemein erhöht werden können, weil die Unternehmen selbst die beste Bürgschaft für die Sicherung von bedeutend erhöhten Lebensmittelmengen und damit für eine bessere zukünftige Versorgung bieten. Durch die Unternehmungen der größeren Städte und der Industrie wird den Beteiligten in absehbarer Zeit eine ganz annehmbare Zuschlagsquote zur sonstigen Ration gegeben werden können. In den Großstädten und den ganz großen Industriebetrieben wird diese Quote besonders anfänglich etwas gering sein. Ein Ausgleich läßt sich dadurch schaffen, daß das Produzierte zunächst ausschließlich an den besonders bedürftigen Teil der Bevölkerung, namentlich Schwerarbeiter, abgegeben wird, bis der Ausbau der Anlagen die Versorgung eines größeren Personenkreises gestattet.

So, wie die Verhältnisse jetzt liegen, ist man in der Stadt

um jedes Schwein, jedes Huhn und Ei, um jeden weiteren Liter Milch froh.

Wir sind der Überzeugung, daß der hier entwickelte Gedanke einer Vermehrung der Lebensmittelproduktion sich in die Tat umsetzen läßt. Die Betriebe, die von den G. P. hiernach alsbald ins Leben gerufen werden sollen, sind kein Spiel der Phantasie, keine Konstruktion der Theorie. Sie alle leben und bestehen seit 5 Jahren und zum Teil noch länger im Gebiete des Amtsbezirkes Neu-Ulm und der Stadt Ulm; sie haben, wie wir schon bemerkt haben, seither der Lebensmittelversorgung der Stadt Ulm, wie dort von allen Ständen und Parteien in erfreulicher, sonst in Deutschland bei solchen Fragen bisher ausgeschlossener Übereinstimmung anerkannt wird, mit bestem Erfolg gedient. Sie sind so einfach gehalten und eingerichtet, daß sie sich wohl überall durchführen lassen. Diese Anlagen sind, soweit sie sich im bayrischen Amtsbezirk Neu-Ulm befinden, von einer landwirtschaftlichen Genossenschaft und von einem Distriktsverband eingerichtet und werden von ihnen betrieben. Die Produktion hat sich die württembergische Stadt Ulm, die mit der Zeit auf ihrem Gebiete auch eigene derartige Anlagen eingerichtet hat, durch ständige Lieferungsverträge — und zwar die ersten dieser Art — gesichert. Im Frieden wie im Krieg fand stets das denkbar schönste Zusammenwirken statt; nicht der leiseste Mißklang störte je die schönen gegenseitigen Beziehungen, die weder die Stadt noch die beteiligte Landwirtschaft je wieder missen möchte. Denn ein Teil vertraut hier dem andern, der eine denkt auch der Interessen des andern und beide, sowohl der Gebende als der Empfangende sind mit dem Erreichten restlos zufrieden.[1]

Es wird nun im wesentlichen darauf ankommen, wie die Vertretungen der großen Städte und der Großindustrie, die als Träger der neuen Aufgaben gedacht sind, sich zu diesen Vorschlägen stellen und ob sie dieselben als für ihre Zwecke geeignet und durchführbar halten. Bei der Prüfung wird indes wohl daran festzuhalten sein, daß der ungeheure Krieg, der die Erde

[1] Regierungsrat Risch stellte kürzlich anläßlich einer Jubiläumsfeier des Stadtvorstandes von Ulm öffentlich fest, daß ihm die gemeinsame Arbeit mit dem Stadtvorstande auf diesem Gebiete stets eine besondere Freude gewesen sei und er die Stunden wie die Ergebnisse dieser Arbeit zu den schönsten seines Berufes zähle.

in ihren Grundfesten erschüttert, uns alle vor ganz neue große Aufgaben gestellt hat und wir in vielem haben völlig umlernen müssen.

IV.

Neue Verbindungen zwischen Erzeuger- und Verbrauchergebieten.

Es wurde bereits eingangs bemerkt, daß man die gesamte Ernährung eines 70 Millionen-Volkes auf Jahre hinaus nicht von einer Zentrale aus rationieren kann. Der Erzeuger wird sonst durch unzählige, stets wechselnde, aus der Not des Augenblicks entstandene Vorschriften und Gewaltmaßnahmen immer mehr bedrückt und verwirrt, seine Produktionskraft und -Freude wird gelähmt. Der reelle Handel, dessen Sachkunde, Rührigkeit und Wagemut uns viele neue Bezugsquellen und Verbindungen hätte erschließen können, ist vollkommen aus seiner gemeinnützigen Tätigkeit verdrängt. Der Verbraucher, namentlich in den großen Verkehrs- und Arbeitszentren, klagt mit Recht, daß er bei dieser Rationierung, deren Apparat (die Kriegsgesellschaften) ein sehr schwerfälliger, teurer und oft versagender ist, nicht mehr bestehen könne. Der „Reichsfettopf", der „Reichskartoffelsack" usw. leiden an chronischer Leere. Nahrungsmittel, die rasch dem Verderben ausgesetzt sind, lassen sich nicht ausschließlich von einer Zentrale aus verwalten. Durch die Beschlagnahme sind schon viele und hohe Lebensmittelwerte vernichtet worden. Ein baldiger Abbau dieses zentralen Rationierungssystems ist Bedürfnis. Er erscheint auch durchführbar. In Ziffer II wurden die Vorschläge über die Ausnahmestellung der G. P. dargelegt; diese sollen mit ihrer Produktion frei schalten und damit in ihrem kleinen Kreise nach Bedürfnis rationieren können. Weiterhin sollen aber neue Lieferungs- und Bezugsverbindungen zwischen bestimmten Erzeuger- und Verbrauchergebieten, mindestens für bestimmte Arten von Lebensmitteln, Milch, Eier, Speck, Butter, Käse, Kartoffeln, Obst, Gemüse, Fische usw. geschaffen werden. Die Verbindung soll zunächst auf den Grundlagen der nachbarlichen oder bereits bestehenden Beziehungen gesucht und durch freiwillige Lieferungsverträge gesichert werden. Die Verträge müßten durch die in Ziffer II erwähnte Zentrale anerkannt werden. Diese prüft das Bedürfnis und sorgt für richtige Abgrenzung der Gebiete. Wo die Nachbarschaft nicht ausreicht, führt sie entfernte Gebiete unter besonderer Rücksicht auf die Bedürfnisse der Industrie zusammen. Wenn nötig, berät und unterstützt sie vor Vertragsabschluß beide Teile und schlichtet die Streitpunkte endgültig. Lieferungs- und Annahmezwang wären vorzubehalten. Damit würde auch die häufig so verbitternd wirkende allgemeine einheitliche Höchstpreisfestsetzung verschwinden, die niemals für alle Gegenden die Grundlagen der richtigen Preisbildungen gerecht erfassen und würdigen kann.

Die Vertragschließenden wären die Vertretungen der Städte und Großindustrie einerseits; die Landwirtschaft würde durch die Landwirtschaftskammern, die landwirtschaftlichen Genossenschaften, die Bauernvereine usw. zusammengefaßt und vertreten. Und sicher würde sich bei einer solchen Verbindung auch für den reellen Handel — der jetzt unnötige Zwischenhandel blieb selbstverständlich ausgeschaltet — auch wieder ein angemessener Platz finden.

Nötig wäre natürlich, daß die Verhandlungen wegen der Verbindungen rechtzeitig aufgenommen werden, damit alles soweit möglich seinerzeit klappt; Anordnungen, die sich durch Verschiebungen der Ernte, des Bedürfnisses usw. teilweise ergeben müssen, werden natürlich immer rechtzeitig ins Auge zu fassen und vorzubehalten sein.

Wie die Verhältnisse zurzeit liegen, wird wohl an der Rationierung des Getreides und Fleisches bis auf weiteres festzuhalten sein. Indes, wenn diese hier vorgeschlagenen Verbindungen ermöglicht werden, würde doch eine gewaltige Bresche in das allgemeine Rationierungssystem geschlagen, einem großen Teile der Berufslandwirte würde die bisherige lähmende Unsicherheit von der Seele genommen, ein allgemeines Aufatmen würde durch den Bauernstand gehen und der städtische Verbraucher würde schon in der Übergangszeit leichter ausharren, weil er dann wenigstens weiß, wer ihn versorgen wird, und weil er sicher ist, daß er statt der Karten endlich Lebensmittel bekommt.

V.

Die Zentrale.

Die Aufgabe der Zentrale wurde bei den gemeinnützigen Produktionsstellen und den herzustellenden Verbindungen zwischen Erzeuger- und Verbraucherbezirken schon besprochen und es dürfte aus den dortigen Ausführungen zur Genüge hervorgehen, daß ohne eine solche Zentralinstanz die Vorschläge sich überhaupt nicht verwirklichen lassen. Die Zentrale würde aus einem Vorstand und einem Beirat zu bestehen haben. In den Beirat wären jedenfalls je ein Vertreter der Landwirtschaft, der großen Städte, der Großindustrie, der Arbeiterschaft und des Handels zu berufen. Außerdem würden der Zentrale eine Reihe von Sachverständigen angehören müssen. Diese Sachverständigen hätten zum Teil am Sitz der Vorstandschaft die eingehenden Projekte zu prüfen, Pläne, Kostenanschläge usw. zu entwerfen, zum Teil befänden sie sich fortgesetzt auf Reisen behufs örtlicher Einsicht, Beratung der Beteiligten und Betriebskontrolle. Über wichtige Vorkommnisse hätten sie jeweils von der Reise aus sofort der Vorstandschaft zu berichten. Von Zeit zu Zeit würden auch sie sich zu gemeinsamer Besprechung und Beratung am Sitz der Vorstandschaft versammeln. Über die eigentliche Hauptaufgabe hinaus hätte die Zentrale sich mit allen Fragen, die mit der landwirtschaftlichen Lebensmittelproduktion enger und weiter zusammenhängen, zu befassen und hierwegen bei den Reichs- und Landesbehörden die erforderlichen Anregungen zu geben bzw. Anträge zu stellen. Mit der Presse würde die Zentrale entsprechende Fühlung zu nehmen und hier in allen Frageu der Lebensmittelversorgung namentlich aufklärend zu wirken haben.

Vorstehende Gedanken und Vorschläge sollen auf einen neuen Weg verweisen, wie unserer Lebensmittelnot abgeholfen werden könnte. Irgend etwas Positives muß hier und zwar bald geschehen; es muß endlich mit der Tat durchgegriffen werden. Zum „Soll" gehört das „Haben". Erst müssen wir die Lebensmittel haben, wenn sie verteilt werden sollen. Wir dürfen uns nicht mehr in dem Maße wie seither bei unseren Versorgungsmaßnahmen durch Schlagworte verwirren und durch die Zahlen der Statistik und die Gründe von Wirtschaftsphilosophen bestimmen lassen. Die Schlüsse beider haben hier nur zu oft schon getrogen. Die Stunde drängt gebieterisch, ein Programm der praktischen Arbeit festzulegen und durchzuführen. Dieses heißt: **Vermehrte Produktion und richtige Verteilung unter Berücksichtigung der natürlichen Voraussetzungen und Zusammenhänge!** Wenn irgendwo, so gilt hier: Wo ein Wille, da ist auch ein Weg! Am ernsten Willen, uns aus den wachsenden Mißständen der Versorgung freizumachen, kann und wird es nirgends fehlen. Möge baldigst der richtige Weg gefunden werden! Dann kann uns keine irdische Macht mehr den Kranz des Sieges entreißen.

Neu-Ulm / Ulm, den 12. Dezember 1916.

Metzger & Wittig, Leipzig.

FSC
www.fsc.org
MIX
Papier | Fördert
gute Waldnutzung
FSC® C083411

Kolibri 360 GmbH
Ferdinand-Jühlke-Straße 7
99095 Erfurt, Deutschland
produktsicherheit@kolibri360.de